Donald Judd **Eichholteren**

19. 80

/

95

Hatje 1994

Donald Judd **Eichholteren**

***Kunsthaus* Bregenz**
archiv kunst architektur
Werkdokumente

Inhalt

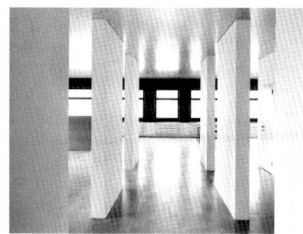

Dem Andenken Donald Judds gewidmet.

Adrian Jolles
Eichholteren

»Eichholteren« wurde 1943 als Hotel und Restaurant auf einem leicht
ansteigenden Grundstück am See erstellt. Die Qualität des Hauses
liegt, wie bei Bauten aus der Zeit der Kriegsjahre üblich, in der rela-
tiv klaren Gebäudestruktur und der einfachen Volumetrie, die sich
von der Kleinteiligkeit der umliegenden Idyllen wohltuend abhebt.

Ziel der Umgestaltung war, diese dem Gebäude inhärenten
Qualitäten herauszuschälen und Räume zu bilden, die dank ihrer
Neutralität gleichermassen zum Wohnen, Arbeiten und Ausstellen
von Kunst geeignet sind. Das Haus wurde von 1989 bis 1993 schritt-
weise umgebaut. Da es die ganze Zeit über bewohnt wurde, erfolg-
te die Renovation geschossweise, von oben nach unten. Die alte
Bausubstanz wurde respektvoll, aber ohne falsche Sentimentalität
gewichtet. Erhalten wurden nur alte Bauteile, wie z.B. die Fenster,
welche eine handwerkliche Feinheit aufweisen, die heute nicht mehr
mit einem vernünftigen Aufwand erreicht werden kann.

Die tragenden Korridorwände entlang der Mittel-Längsachse
sind in einem Raster von 1.50 m aufgelöst, welcher annähernd dem
bestehenden Rhythmus der Fensteröffnungen entspricht. So entste-
hen raumgreifende Querbezüge durch die gesamte Geschossfläche,
welche die Raumeinheiten beidseits des Korridors verbinden. Die
zwischen den Wandpfeilern liegenden Öffnungen sind mit einem in
die Ebene der Holzbalkendecke eingeschnittenen Stahlträger über-
spannt. So konnte die Deckenverkleidung aus handelsüblichem, ver-
siegeltem Fichtenholz-Parkett unterhalb der Sturzkonstruktion ohne

Unterbrechung durchgezogen werden, ohne die ohnehin knappe Raumhöhe zusätzlich zu verringern. Die Decke ist frei von Lichtinstallationen und weist die gleiche Oberflächenbehandlung auf wie der Boden. Anstelle der üblichen Sockel- und Deckleisten sind alle Wandanschlüsse als Schattenfugen ausgebildet, um dem Holz den notwendigen Dehnraum zu lassen und um die horizontalen von den vertikalen Flächen zu trennen. Dadurch entsteht der Eindruck einer vom Boden zur Decke gespiegelten Fläche, die niedere Raumhöhe von 2.25 m wird optisch erweitert. Nur im Erdgeschoss ist der Boden aus feingeschliffenen Granitplatten, derselbe Belag ist für die umlaufende Terrasse vorgesehen.

Die Querwände, welche die einzelnen Hotelzimmer bildeten, sind weitgehend entfernt worden. Angehängt an die Mittelachse befindet sich in der Mitte die Kernzone mit Treppe und Nassräumen. Im Erdgeschoss und 1. Obergeschoss ist der übrige Raum offen und nur durch die verbliebenen Wandscheiben in einzelne Nutzzonen gegliedert. Im 2. Obergeschoss sind zwei Querwände belassen und erlauben so, die Geschossfläche in privatere Einheiten aufzuteilen. Auf eine Abtrennung dieser Einheiten mittels Glastüren wurde vorläufig verzichtet, sie ist jedoch als Option jederzeit möglich. Das Dachgeschoss ist hauptsächlich Estrichraum, mit einem kleinen heizbaren Atelier an einem Ende.

Alle Türen, welche Öffnungen abschliessen, die der neuen räumlichen Gliederung entsprechen, sind als transparente Stahl-Glas-

Konstruktionen ausgeführt. Die Unterteilung der Glasfügel ist in den Proportionen ähnlich den alten Fenstern gehalten. Die Türen zu den Nebenräumen hingegen sind aus Tannenholz und flächenbündig mit Blockrahmen in die Wand eingesetzt.

Die Kunst und insbesondere die Möblierung sind als integraler Bestandteil der Architektur konzipiert. Sie dienen der Bestimmung und Präzisierung der Raumzonen und erzeugen die Komplexität der sonst formal einfachen Raumstruktur.

Die offensichtlich künstlich aufgeschüttete Terrasse mit ihrer pseudonatürlichen Böschung, auf welcher das Gebäude errichtet wurde, ist mit einer Stützmauer aus gebrochenen Granitsteinen gefasst und vom natürlich gewachsenen Terrain deutlich getrennt worden. Die untere, baumbestandene Terrasse ist mit einer Tunnelverbindung vom Untergeschoss des Hauses direkt erreichbar, wodurch die mit der Treppe angedeutete Querachse im Erschliessungssystem des Hauses ihren Abschluss findet. Die Breite der neuen Terrasse steht im Verhältnis 2:3 zu der äusseren Breite des Hauses und kann deshalb als Projektion der inneren Ordnung nach aussen verstanden werden, welche die Terrasse zum Sockel des Gebäudes macht.

Die aufgewendeten Mittel waren vergleichsweise bescheiden. Das präzis gedachte Umbaukonzept lag in der bestehenden Struktur des Gebäudes vorgezeichnet. Das Haus wurde neu entdeckt, die Räume geordnet, die Proportionen und Symmetrien kontrolliert, aus Zufall wurde zwingende Logik, aus Belanglosigkeit Kultur.

Die Landschaft um den Vierwaldstättersee ist unvergleichlich. Jede topographische Bewegung, jede Faltung verweist auf die Kleinteiligkeit des Landschaftsraums, die mit der weitverzweigten Flächigkeit des Seespiegels kokettiert. Die Enge scheint da und dort geradezu bedrohlich, durch deren Spannung aber gleichzeitig faszinierend. Wenn das Wetter will, verhängt aufsteigender Nebel jede Illusion nach Flucht über den See. Die kleinen Räume sind dann einfach nur noch klein, sie entbehren jeder Dramatik. Zäune und totgepflegte Kleingartenkunst grenzen Privatheit ein, sichern so die Nischen des Besitzes. Viele der neueren Häuser und Hauskonglomerate sind nur noch gross in ihrer Dimension, aber kleinlich im Gehabe. Man hat ihnen nicht die notwendige Ruhe zukommen lassen, alles scheint berührt, übernutzt und behübscht. So entsteht langsam eine Welt, wo Kleines und Kleinstes zusammengezählt, einfach zu nichts mehr Grossem werden will. Die Gelassenheit der verstreuten Scheunen, deren Stellung und Lage nicht nur durch ökonomische Bedingungen bestimmt sind, sondern auch der Logik von topographischen Begebenheiten folgen, wird längstens bedrängt durch die Auswüchse unserer ungestillten Begehrlichkeiten. Die Kakophonie wird zum Synonym für den Verlust an Gefühl, was den skulpturalen Umgang von Gebautem mit der Landschaft betrifft.

Wenn sich, aus Küssnacht kommend, langsam die Dichte des gebauten Gemenges auflöst und sich in der Landschaft zu verlieren scheint, steht da, leicht abseits, auf einem mächtigen Plateau ein freistehendes, stattliches Haus. Wäre da nicht eine seltsame Ruhe, die die Aura des Hauses umgibt, es gäbe nichts, was einen innehält. Die Fenster, wie melancholische Augen, im verputzten Mauerwerk ausgespart, hinaufreichend bis ins Dach, das schwerfällige Ziegelkleid durchbrechend. Die Ruhe, die Weite stehen in einem seltsamen Kontrast mit dem bürgerlichen Habitus des Hauses, das noch von seiner ehemaligen Bestimmung als Hotel und Ausflugsrestaurant zeugt. Alles, was nicht zur Unmittelbarkeit des Gebäudes gehört, ist weg. Man ahnt bloß noch das Geschrei der Kinder auf der Pferdeschaukel, die fehlenden Rivella- und Henniez-Schirme, man riecht förmlich das abgestandene Öl der Schnitzel- und Pommesglückseligkeit.

Die Behäbigkeit der belanglosen Gebäudehülle scheint durch die Rigorosität des Purifizierens aufgehoben. Die Kleinteiligkeit der überbordenden Gartendevotionalien ist einigen wenigen Eingriffen gewichen. Die neu geschaffene, umlaufende Terrasse präzisiert als festgefügter Granitsteinsockel den Übergang vom Haus zur gewachsenen, in ihren ursprünglichen Zusammenhang zurückgeführten Landschaft. Die Akropolis setzt sich so, in ihrer Horizontalität, mit der Ebene des Seespiegels in Beziehung. Obwohl das ursprüngliche Konzept einer regelmässigen, grauen Plattenteilung vorläufig zugunsten eines Kiesbelages aus Granit aufgegeben wurde, vermittelt die Terrasse dem Haus einen Umraum, der Unberührbarkeit, Ruhe und auch Setzung in der ungebundenen, durchaus dramatischen Topographie am Fusse des Rigi sichert. Sie erscheint als minimalstes, architektonisches Mittel, um Schutz auszudrücken, Schutz vor dem unvorbereiteten Eindringen in das Innere des Hauses. Beim Betreten fällt einem zuerst einmal, im Gegensatz zur Erwartung auf Grund der Kleinteiligkeit der Fassade, die Großzügigkeit der Raumflüsse der einzelnen Geschosse auf. Im Sinne eines Ordnungssystems sichern zwei parallele, längs laufende Wandscheibenfelder die Raumhaltigkeit. Die sinnvolle Übereinstimmung mit den vorhandenen Fensterachsen erzeugt Transparenz in Längs- und Querrichtung. Lediglich im Erdgeschoss wird, im Sinne einer Orientierung zum See, im vorderen Teil auf das Weiterführen der Scheiben verzichtet, was auch zu einer Drehung des Raumes führt, welche das Panorama der Aussicht unterstreicht. Der Glanz des geschliffenen Granitsteins am Boden und der Glanz der Holzriemendecke überspielen die Gedrungenheit des ineinanderfliessenden Raums. Tisch, Bank und Couch bestimmen ihn, legen Bereiche fest und verhindern deren Mehrdeutigkeit. Nichts berührt die Wände, das Wenige steht frei. Mit Ausnahme der dienenden Räume sind die tragenden Elemente aufgelöst, verharren in einem Zustand, in dem sie weder Wand noch Stütze sind. Der Raster von einem Meter fünfzig ist in einer beinahe durchgängigen Proportion von Eins zu Eins festgelegt. So werden die Räume segmentiert. Was Eins sein will, bündelt sich aus Mehrerem. In den Obergeschossen, wo Holz als Boden- und Deckenmaterial in Struktur und Glanz

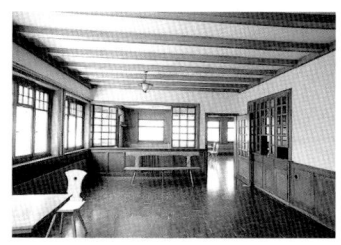

identisch ist, wird der Wille zu einer Neutralität von architektoni-
schen Räumen sichtbar. Ein Prinzip, welches Donald Judd schon
vor über zwanzig Jahren im Gusseisenhaus an der Spring Street in
New York angewendet hat. In der gesamten, räumlichen Konfigura-
tion, sowie in den subtilen Übergängen von Boden, Wand und
Decke wird eine Kohärenz mit Judds skulpturaler Arbeit spürbar.
Man fühlt sich eins mit den Räumen. Die wenigen Möbelstücke
definieren präzis die jeweilige Bestimmung einzelner Kompartimen-
te, die Wände scheinen noch einige Arbeiten von Donald Judd und
seinen Freunden zu erwarten. Obwohl nur in wenigen Bereichen
verändert und ergänzt – die Struktur der Hülle ist kaum angetastet –
ist ein neues Haus entstanden. Es ist eine Lektion des Denkens
über das Wesen und über das Wesentliche eines Hauses, irgend
eines Hauses, dessen Unauffälligkeit zur Tugend wird, inmitten der
Ambiguität einer aufregenden Landschaft.

Der Maßstab der Räume kontrastiert spannungsvoll mit der
Kleinteiligkeit des Erscheinungsbildes und der Umgebung von Eichholteren, man fühlt den sicheren, skulpturalen Umgang. Man spürt
den Atem von Noblesse, nicht nur den eines Künstlers, sondern bis
ins Kleinste auch den Ausdruck seiner Lebenswelt. Das Haus ist von
der Aura der Banalität befreit, es steht jetzt in einem Spannungsfeld
von Innen, Aussen und seinem Ort. Leise ist alles geblieben, still,
aber aussergewöhnlich geworden.

"Eichholteren" was built in 1943 as a hotel and restaurant on a slightly elevated lakeside site. As is often the case in wartime buildings, the quality of the house lies in the relatively clear structure and simple volumes and stands in pleasant contrast to the surrounding "idyll".

The goal of the remodelling was to reveal the building's inherent qualities and to create spaces which, thanks to their neutrality, are equally suited for living, working and exhibiting art. The house was remodelled step by step from 1989 to 1993. Since the house was lived in during this time, renovation proceeded by story, from top to bottom. The original building substance was taken into consideration respectfully, but without undue sentimentality. Only those old structural elements were retained which revealed a level of craftsmanship unattainable today within reasonable means – the windows, for example.

The supporting walls of the corridor along the central longitudinal axis are planned in a grid of 1,5 metres. This corresponds to the existing rhythm of the window openings. Thus spatial cross references emerge which embrace the entire space of the story and connect the spatial elements on both sides of the corridor. The openings between the pilasters are spanned by a steel beam set into the surface plane of the wood joist ceiling. This allows for the continuation of the ceiling finish in commercial sealed spruce parquet over the wall surface without diminishing the already limited room elevation. The ceiling is free of lighting fixtures and has the same surface treatment as the floor. Relief joints at all wall joints allow the wood the necessary room for expansion and separate the horizontal from the vertical surfaces, replacing the usual skirting and cover mouldings. This creates the impression of a mirrored surface from floor to ceiling, and the low room height of 2,25 metres is optically enlarged. Only on the ground floor is the floor of finely polished granite; the same surface is planned for the surrounding terrace.

The partitions which formed the individual hotel rooms have, for the most part, been removed. The core of the house, with staircase and those rooms with water, is at center, added on to the middle axis. The rest of the space is open throughout the ground and second floors, divided into individual zones only by means of the remaining slivers of wall partitions. Two partitions have been left on the third floor and allow the division of the space into private units. A separation of these units by means of glass doors is a possible option at any time, but has not been implemented. The top story is mainly attic space, with a small, heatable studio at one end.

All doors which close off openings corresponding to the new spatial order are transparent steel and glass constructions. The subdivision of the glass wings has been kept in proportions similar to those of the old windows. The doors to the secondary rooms, on the other hand, are of fir with solid frames and are set into the wall, flush with the surface.

Artwork and particularly furniture have been conceived as integral parts of the architecture. They serve to designate and define the spatial zones and generate a complexity in the otherwise formally simple spatial structure.

The obviously artificial terrace with its pseudo-natural embankment on which the building was erected is supported by a wall of granite blocks and has been clearly separated from the naturally grown terrain. The lower wooded terrace can be reached directly from the lower floor of the house by means of a tunnel. This supplements the transverse axis, which is indicated by the stairs, and completes the system of access to the house.

The width of the new terrace is in a ratio of 2:3 with the outer width of the house. It may be understood as projecting the inner order to the outside – the terrace thus becomes the socle of the building. Expenditures were comparatively modest. The precisely thought out remodelling concept was predetermined in the existing structure of the building. The house was rediscovered, the spaces ordered, the proportions and symmetries organized. Out of chance there came compelling logic, out of banality, culture.

The countryside around the Lake of Lucerne is incomparable. Each topographical nuance, each fold refers to the complex nature of the landscape as it flirts with the widely branching expanse of the lake's surface. The narrowness of the landscape at times appears positively threatening, but because of the inherent tensions and contrasts, it is fascinating at the same time. When the weather will have it so, rising fog obliterates all illusion of flight across the lake. The small spaces are then nothing but small – they are without all drama. Fences and overcultivated gardens draw the borders of privacy and secure the niches of property. Many of the newer houses and conglomerations of buildings are large only in their dimensions; they remain small, however, in their affectations. They have not been allotted the necessary stillness; everything appears to have been handled, overused, and pretti-fied. And so a world is gradually created where small and small-est, when put together, will simply not add up to anything greater. The tranquility of the scattered barns – where arrangement and location are not only economically determined, but follow the logic of the topographical situation as well – has long ago been beset by the excesses of our unappeaseable greed and desires. Cacophany becomes a synonym for the loss of emotion affecting a sculptural approach to that which is built into the countryside.

Coming from Küssnacht, as the density of the various con-structions gradually dissolves and appears to lose itself in the countryside, there stands, alone and a bit aside, a stately house. Were it not for a strange tranquility emanating from the house, there would be no reason to stop here. The windows, like melancholic eyes, left blank in the plastered masonry, reach up into the roof, breaking through the cumbersome brickwork. The stillness and space stand in marked contrast to the bourgeois appearance of the house, which still bears witness to its former designation as a hotel and busy restaurant. Everything which does not belong to the immediacy of the building is gone. Now one can but imagine the voices of children playing on the swings, the missing Rivella- and Henniez-umbrellas; one can practically smell the stale oil of schnitzeled and french-fried happiness. The sobriety of the building's insignificant shell appears to have been lifted through the rigor of purification. The pettiness of overabundent garden „fetishes" has yielded to but a few intrusions. The new terrace which runs around the house is a granite socle defining the transition from house to landscape – a landscape which has been converted back to its natural state. The "acropolis", in its horizontality, is put into relation to the lake's planar surface. Although the original concept of a regular gray flagstone surface was given up temporarily in favor of a granite gravel surface, the terrace encompasses the house, ensuring untouchability, peace and also placement in the unbound, dramatic topography at the foot of the Rigi. The terrace appears as the most minimal architectural means of expressing protection – protection from an unprepared entry into the interior of the house. Upon entering, one notices first of all the generosity of the fleeting spaces in each story. This is in contrast to one's expectations in response to the small-parted facade. Two parallel wall panels which run the length of the room define the spatiality, acting as a system of order. The meaningful agreement with the extant window axes generates transparency in longitudinal and cross directions. Only on the front section of the ground floor is the continuation of the panels dispensed with in favor of an orientation toward the lake. This leads to a rotation of the room and emphasizes the panoramic view. The gleam of the polished granite on the floor and the glow of the ceiling's wood finish conceal the compactness of the spaces which flow together. Table, bench and couch define the space, demarcate areas and prevent any ambiguities of purpose. Nothing touches the walls, the few objects stand free. With the exception of those rooms serving specific functions, supporting elements are broken up, persisting in a condition where they are neither wall nor support. The raster of 1.5 metres is established almost throughout in a proportion of one to one. The rooms are thus segmented. That which will be one combines itself out of several.

The will toward a neutrality of architectural spaces becomes visible in the upper stories, where wood as floor and ceiling finish is identical in structure and glow – a principle which Donald Judd applied to the cast-iron house on Spring Street in New York over twenty years ago. A coherence with Judd's sculptural work can be felt in the total spatial configuration as well as in the subtle transitions between floor, wall, and ceiling. One feels at one with the rooms. The few pieces of furniture precisely define the respective purposes of individual compartments; the walls appear to still await works by Donald Judd and his friends.

Although changes and additions have been made in but a few areas – the structure of the shell has hardly been touched – a new house has been created. It is a lesson in thinking about the nature of and about the essential point of a house, of any house whose modesty becomes a virtue amid the ambiguities of a dramatic countryside.

The scale of the rooms stands in exciting contrast to the small-facetted exterior appearance and the vicinity of Eichholteren. One feels the sure sculptural approach. One senses the breath of noblesse – not only the breath of an artist, but the expression of the artist's world in the smallest details. The house is freed of the aura of banality – it stands now in a charged field of inside, out side and the site. All has remained quiet and still, but has become extraordinary.

Umbau Liegenschaft Eichholteren, Küssnacht am Rigi, Schweiz
Projekt:
Donald Judd, New York und Marfa, USA
Pläne und Ausführung:
Adrian Jolles, Zürich, Schweiz
Bauzeit:
1989–92

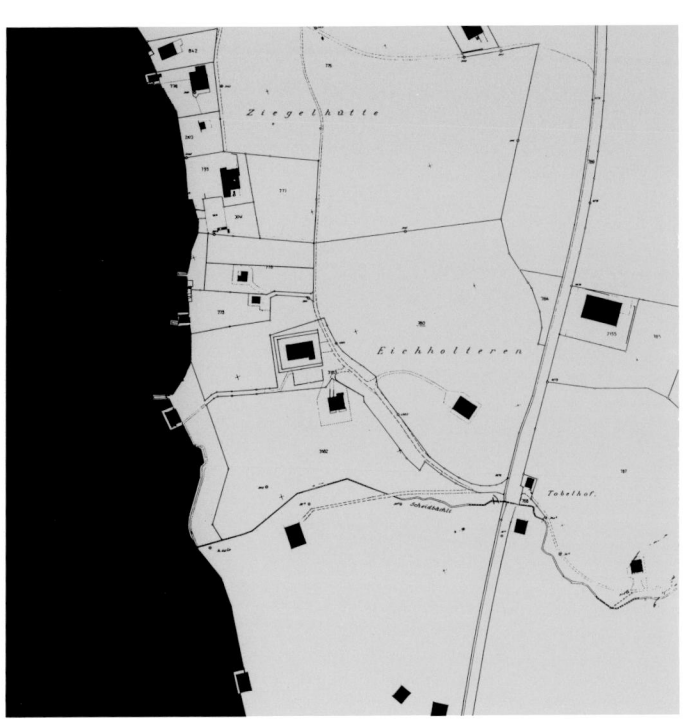

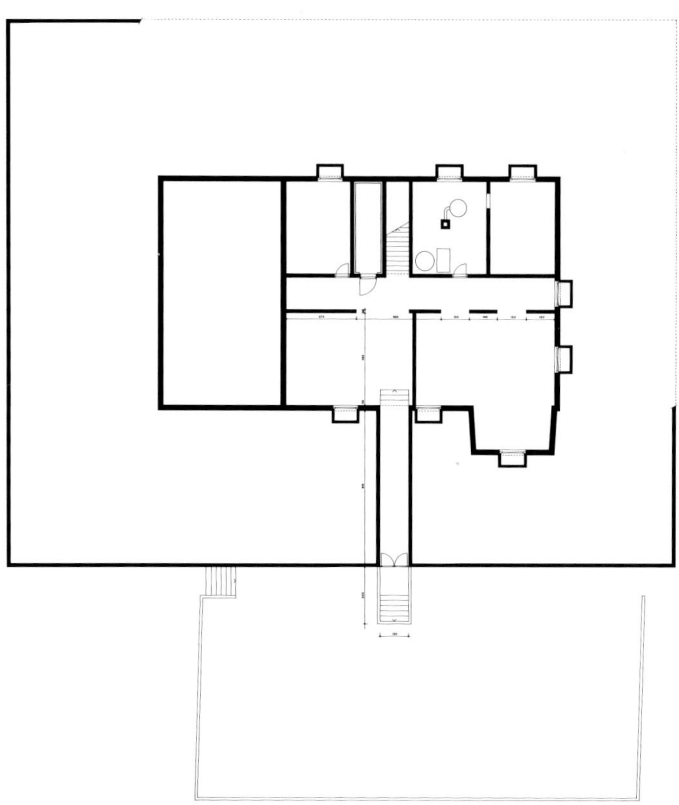

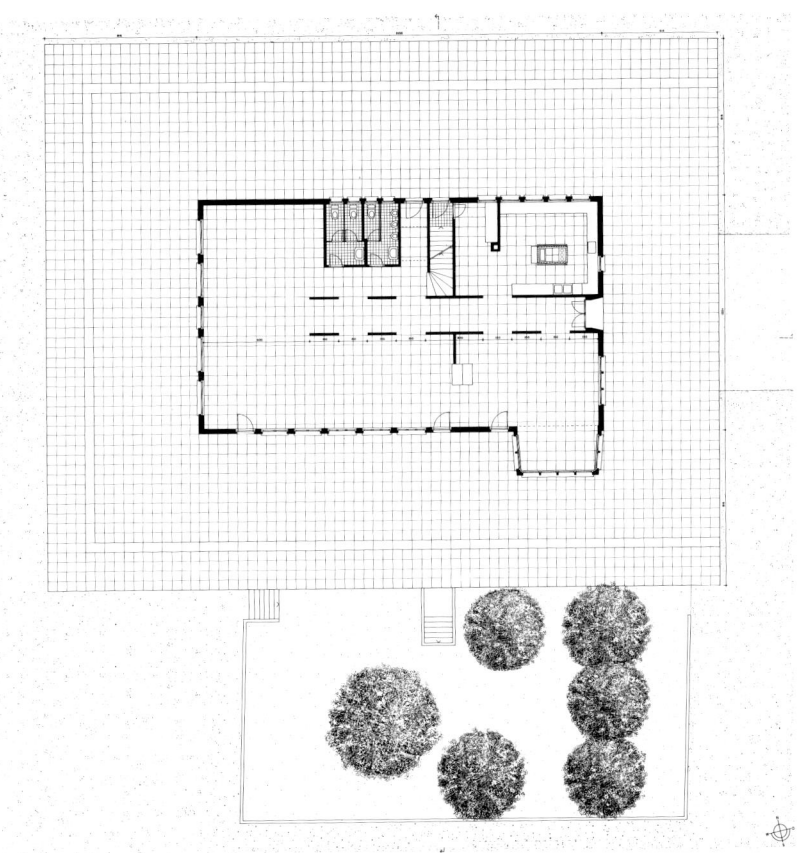

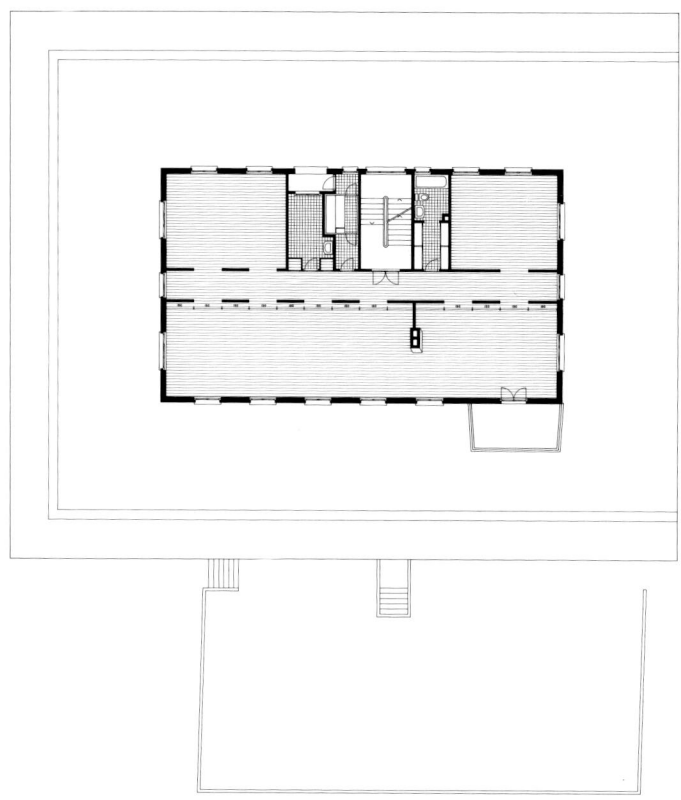

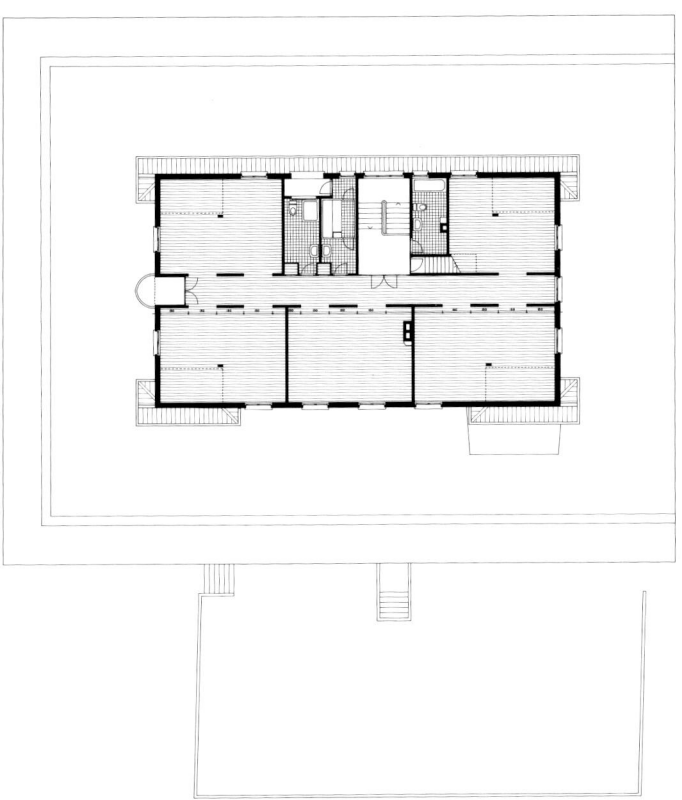

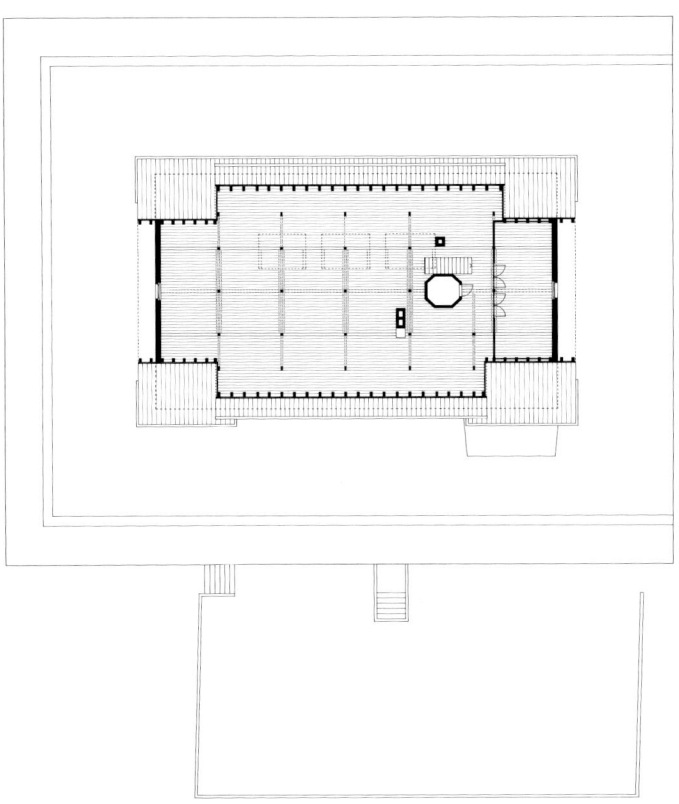

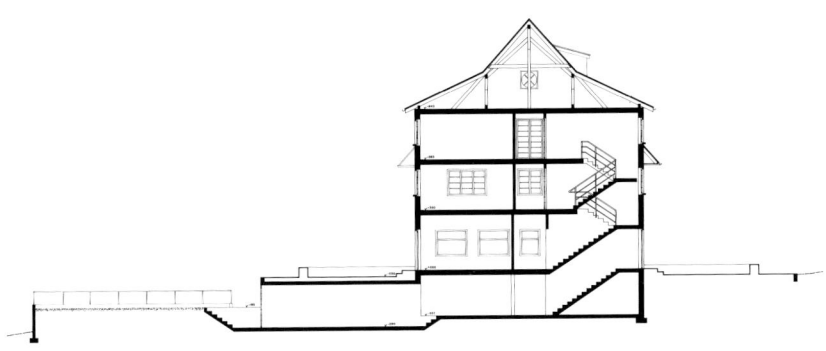

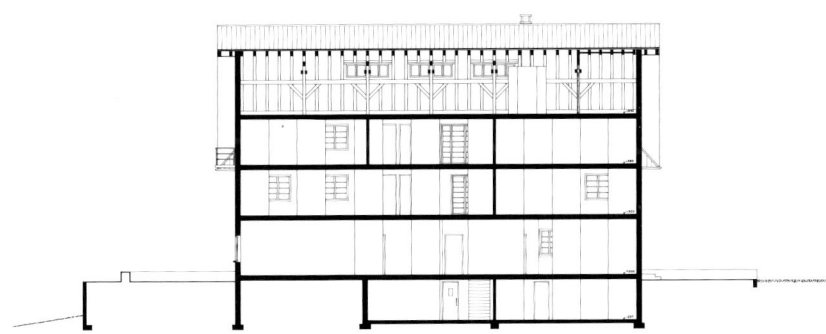

Franziska Bodmer Mancia
Bruno Mancia
Fotos

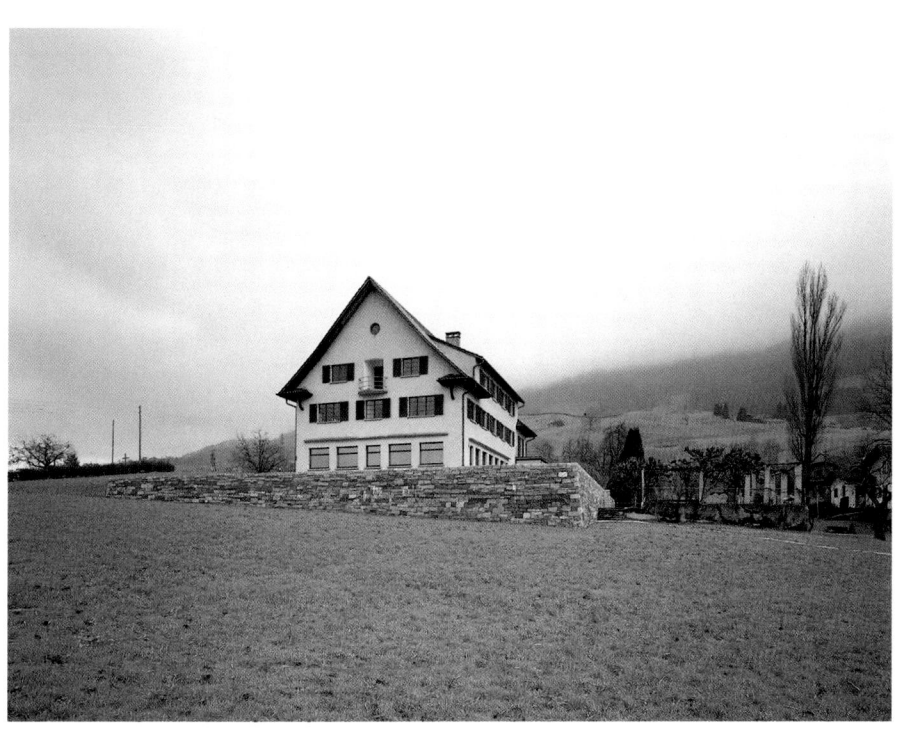

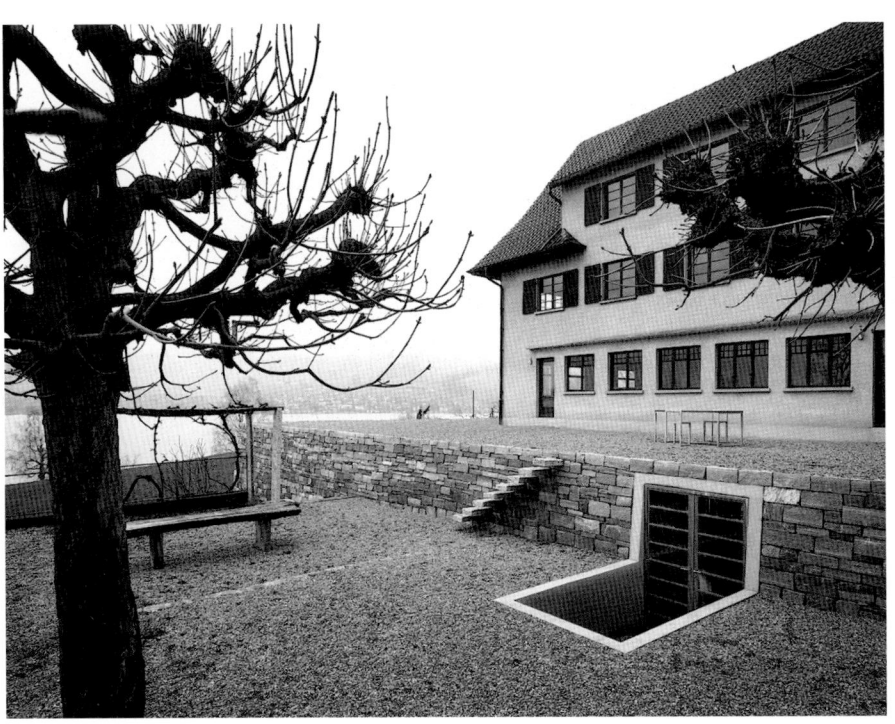

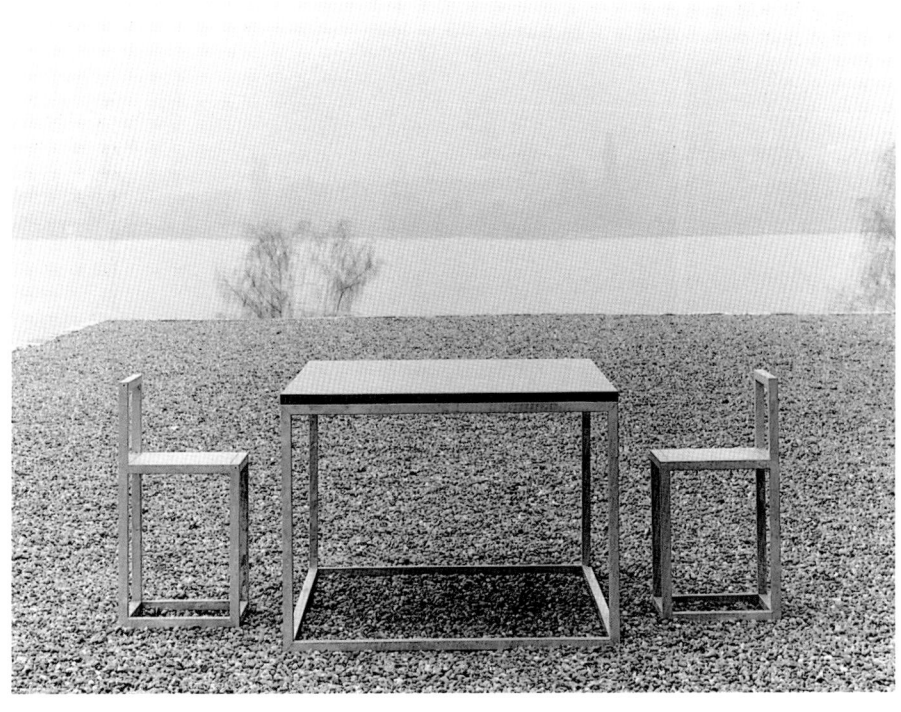

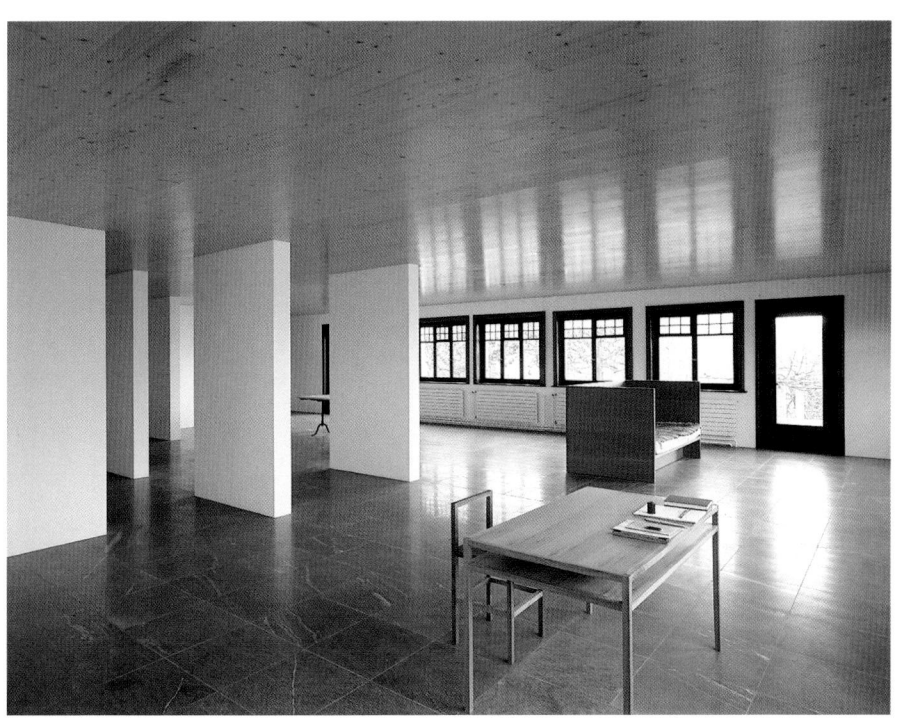

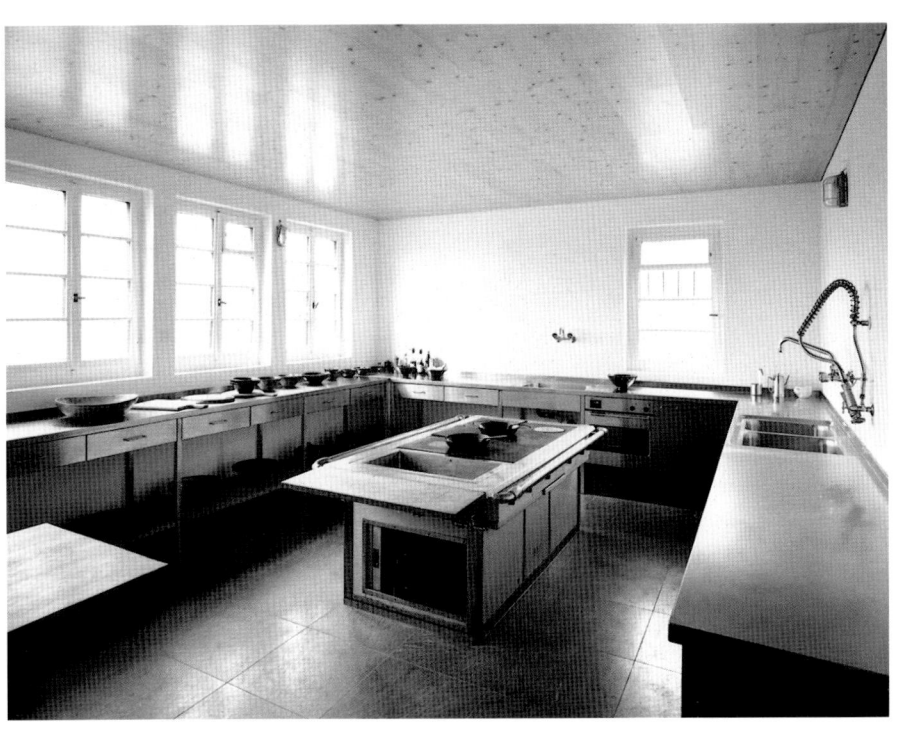

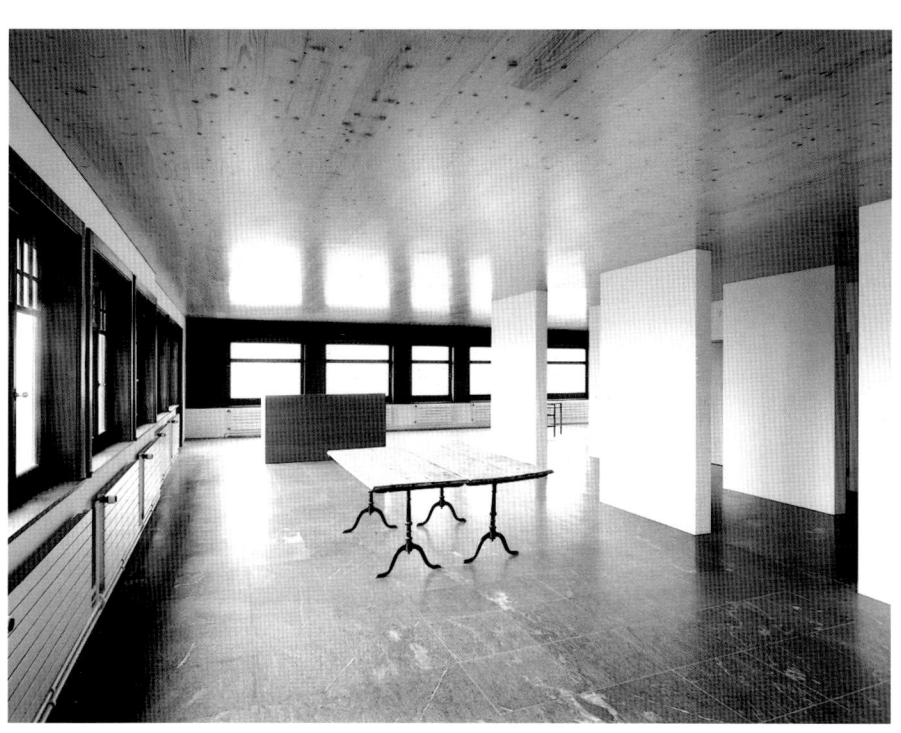

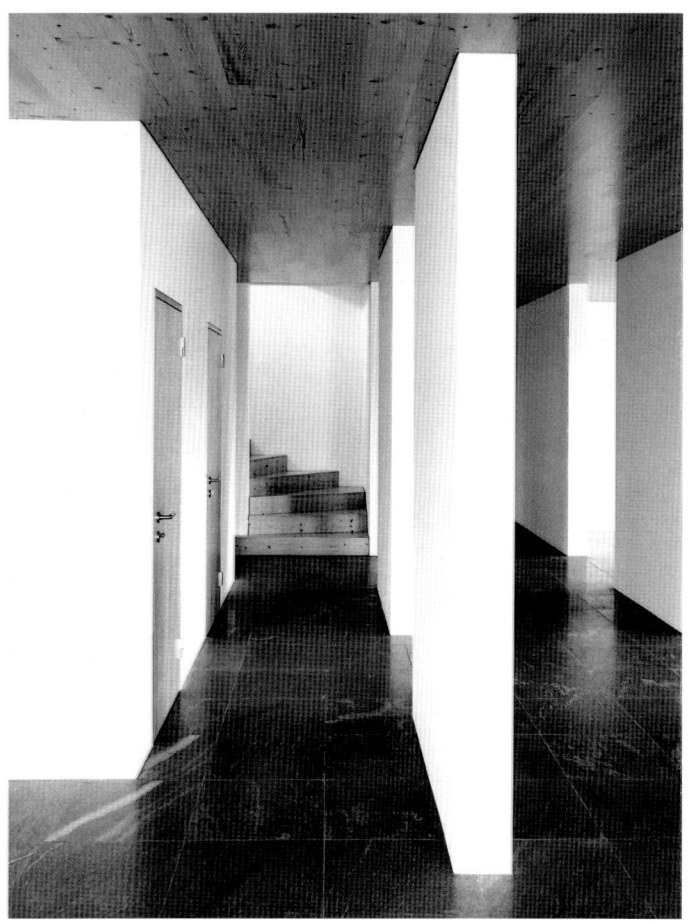

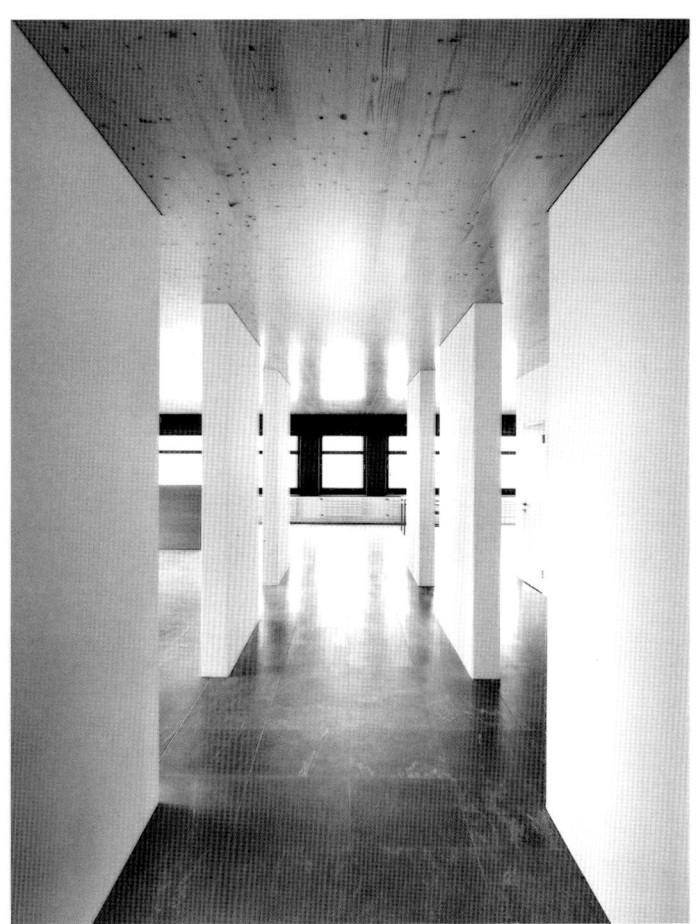

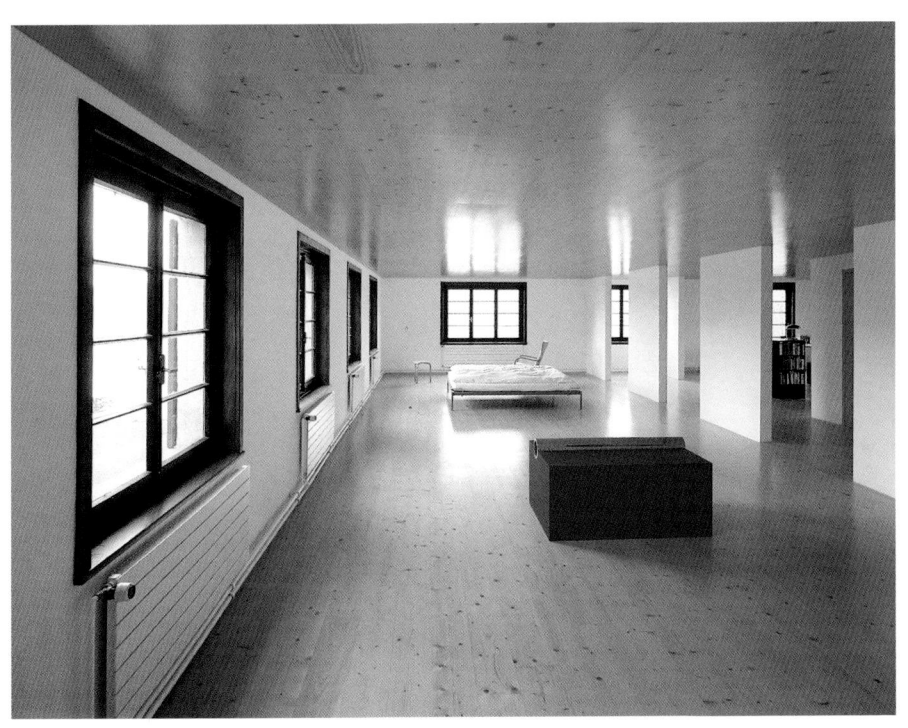

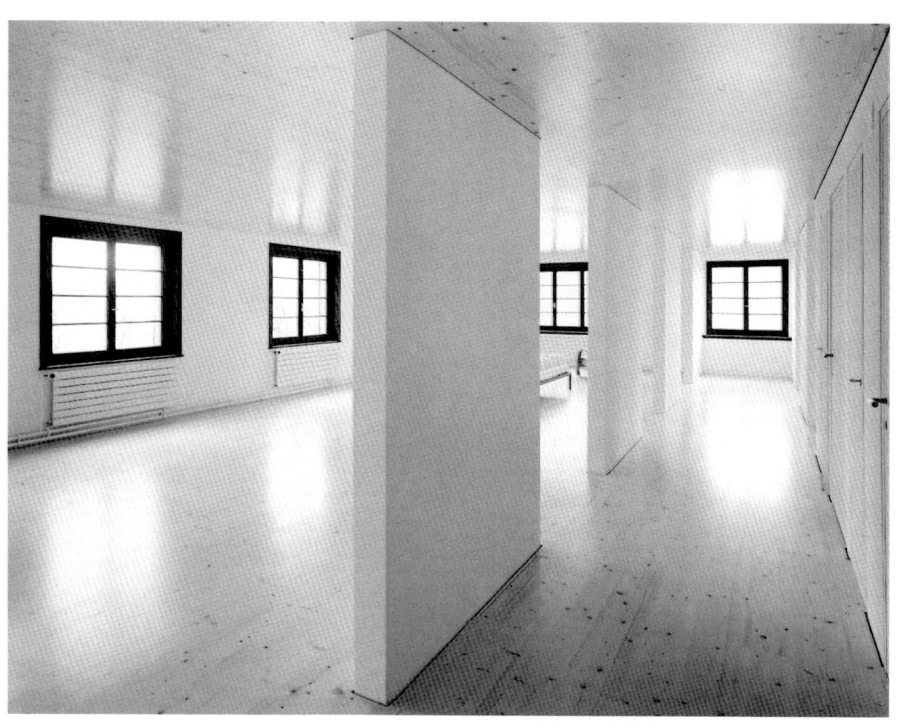

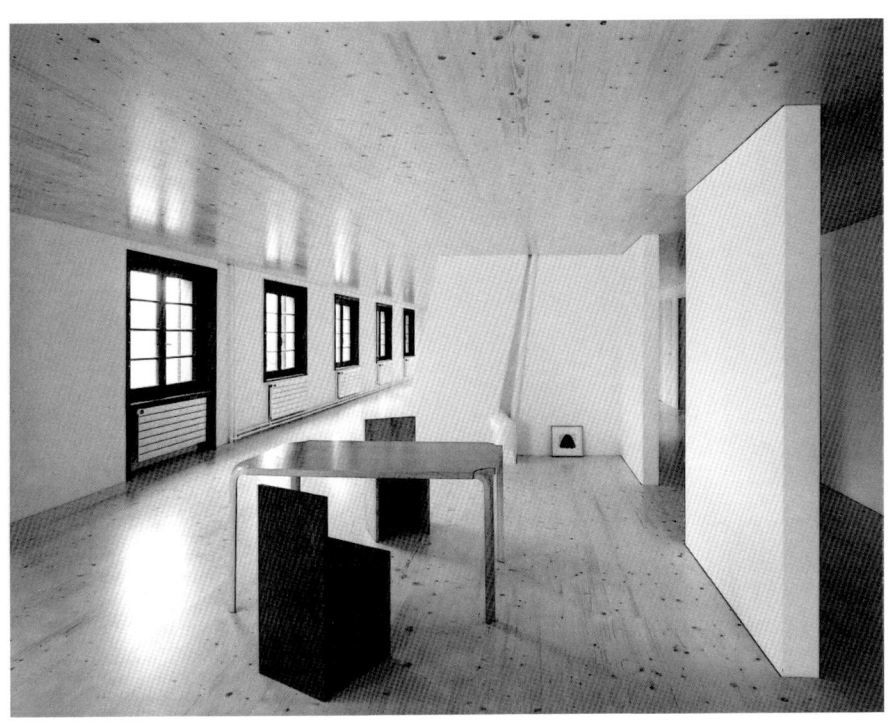

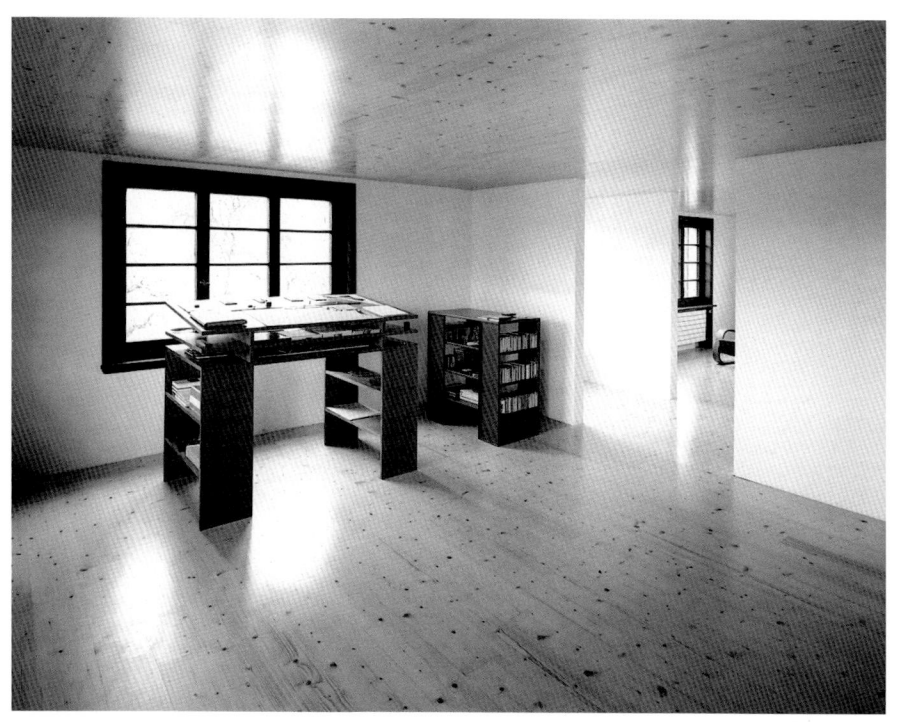

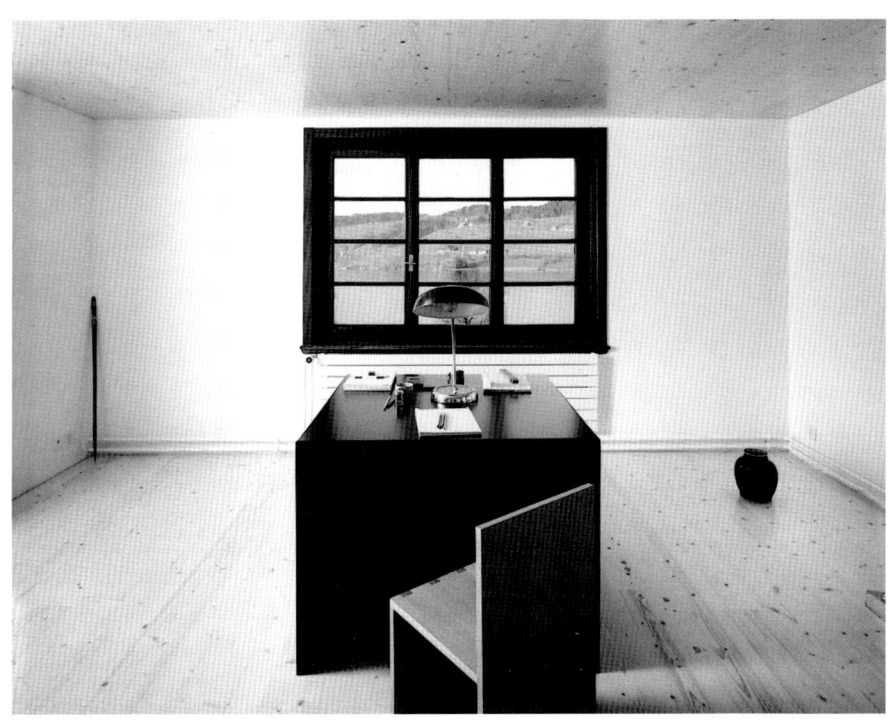

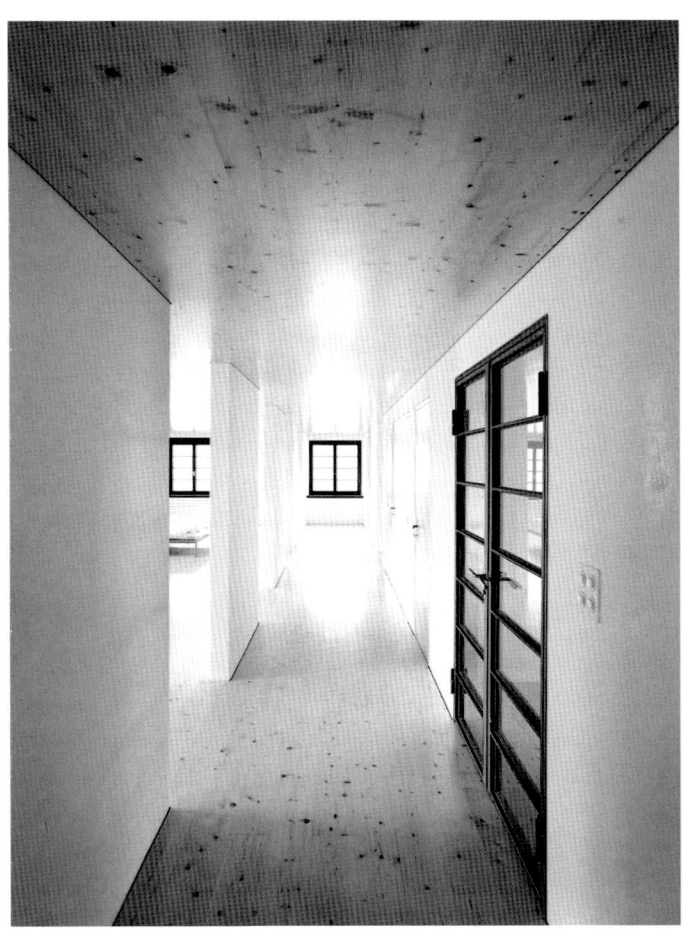

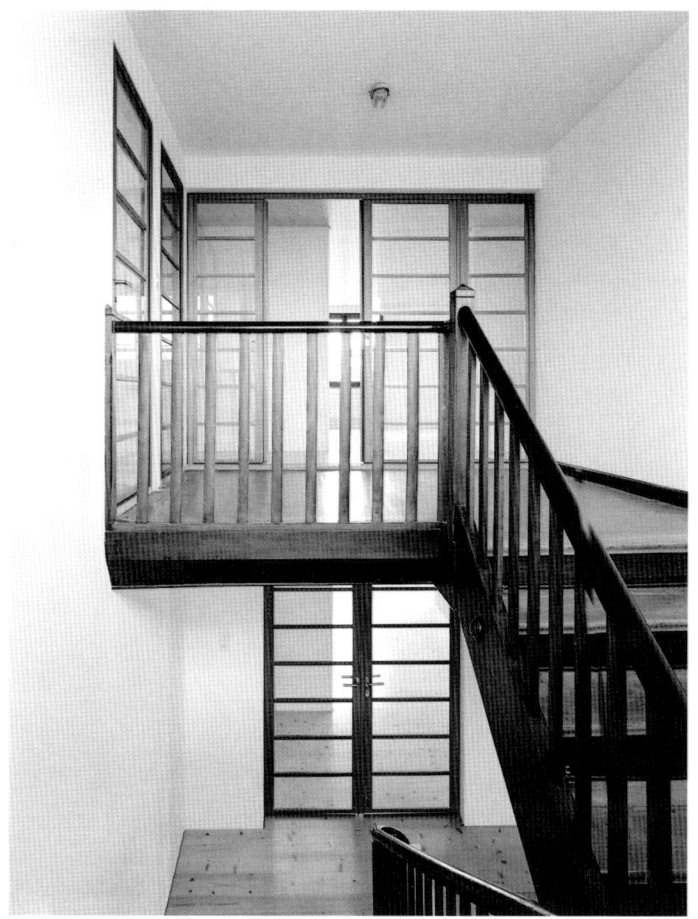

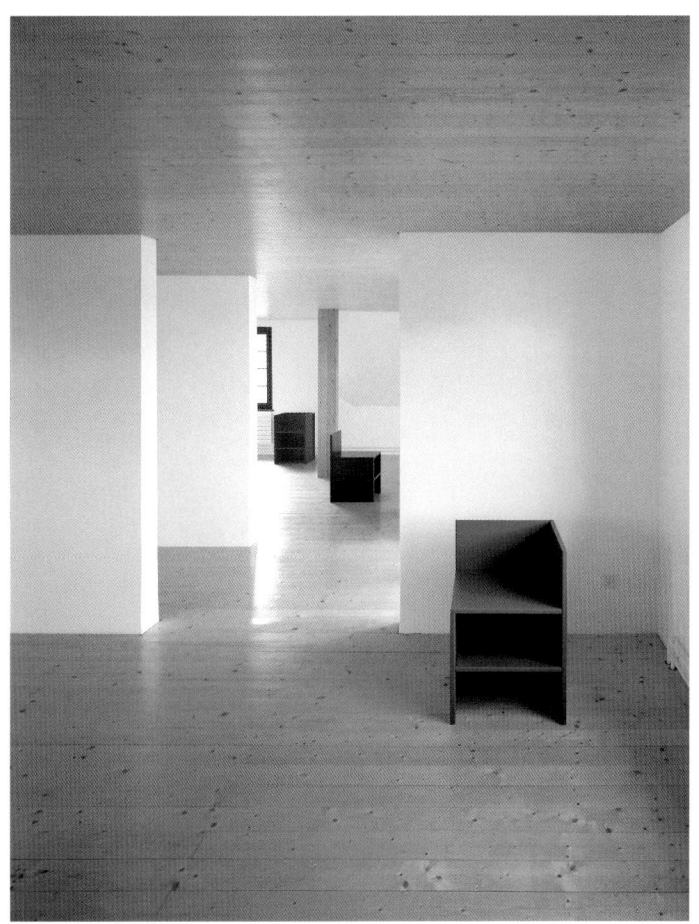

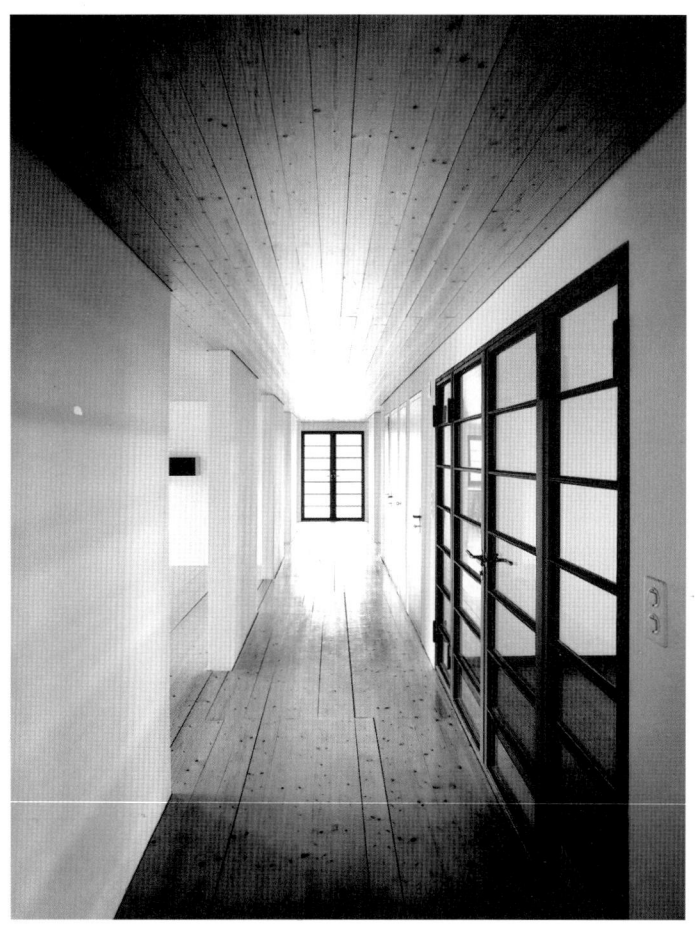

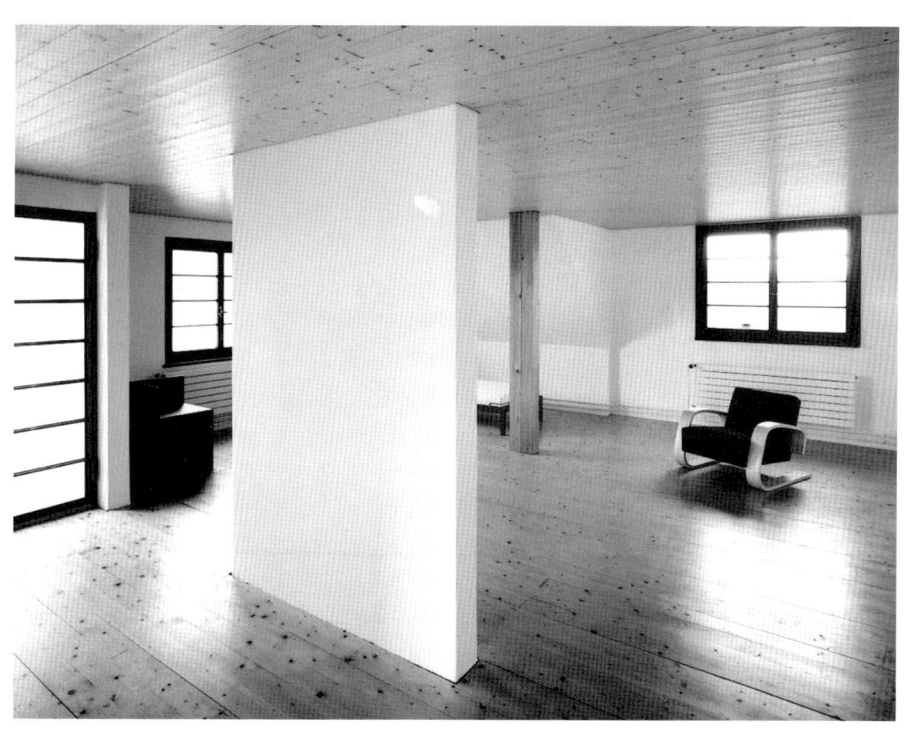

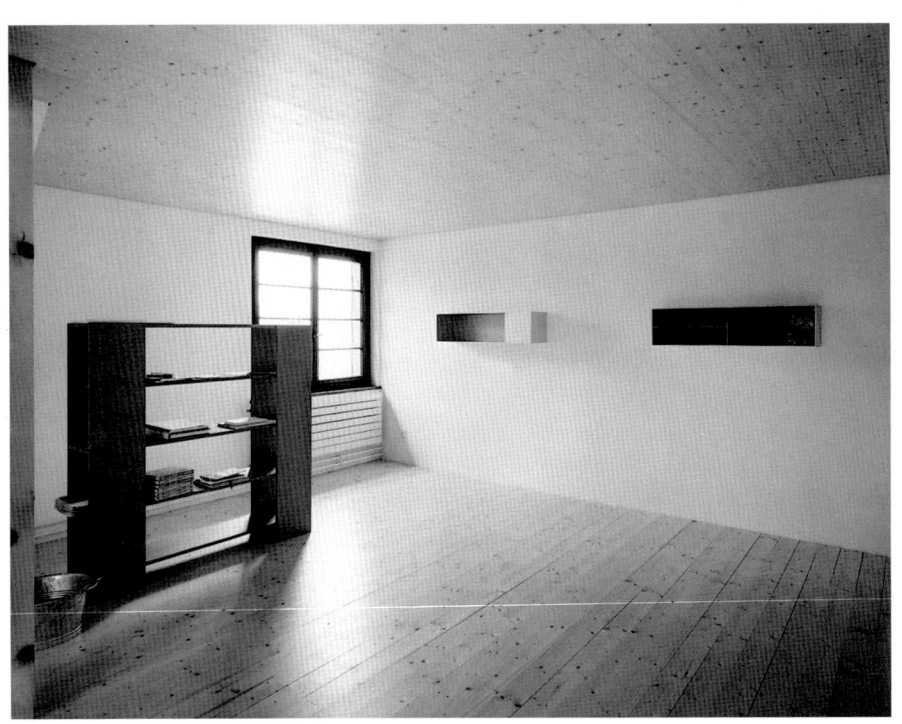

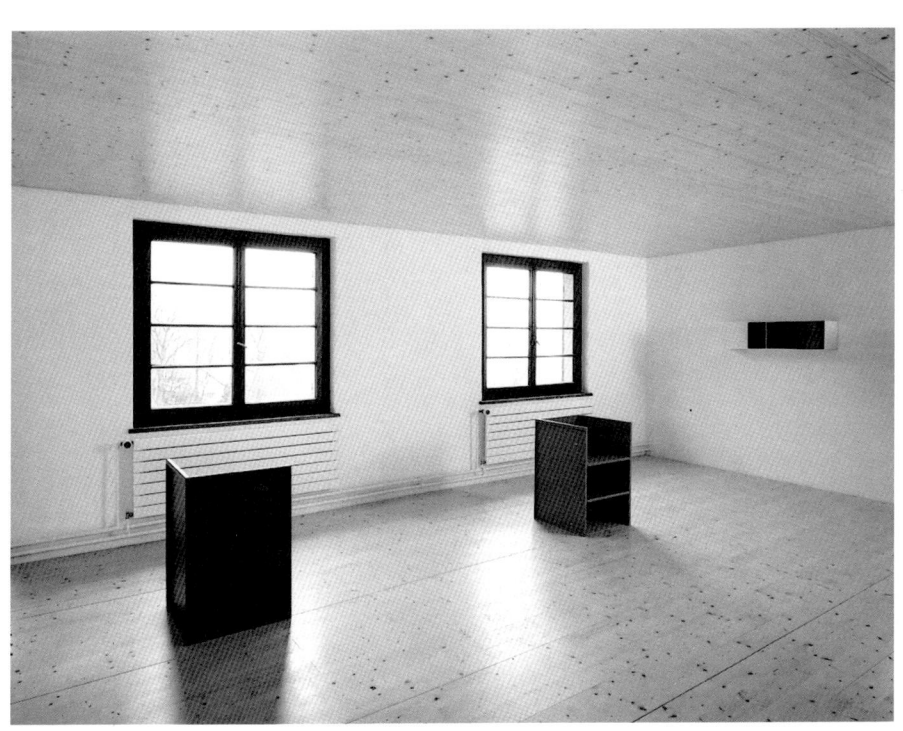

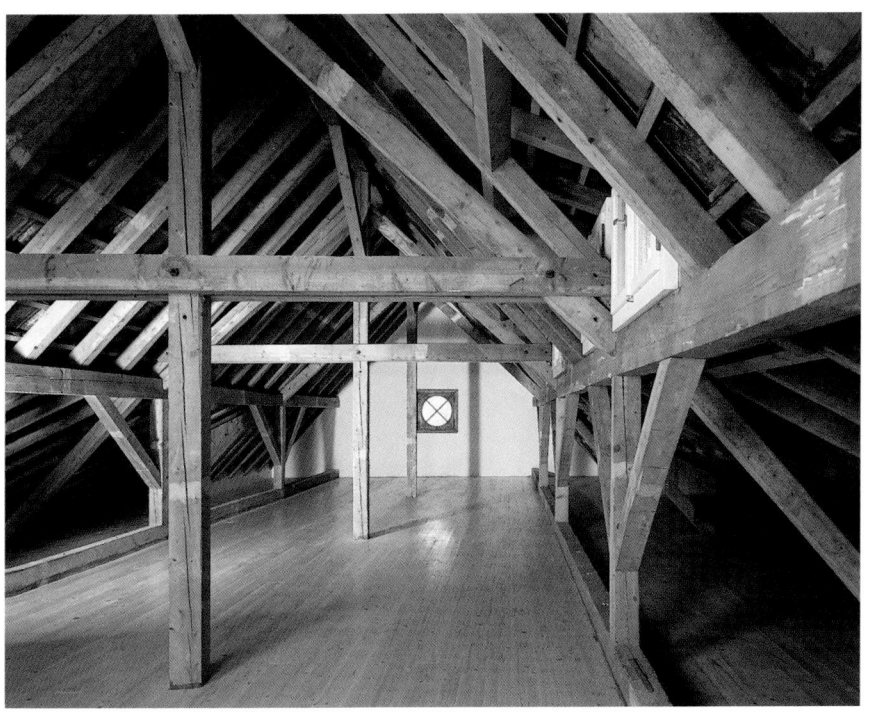

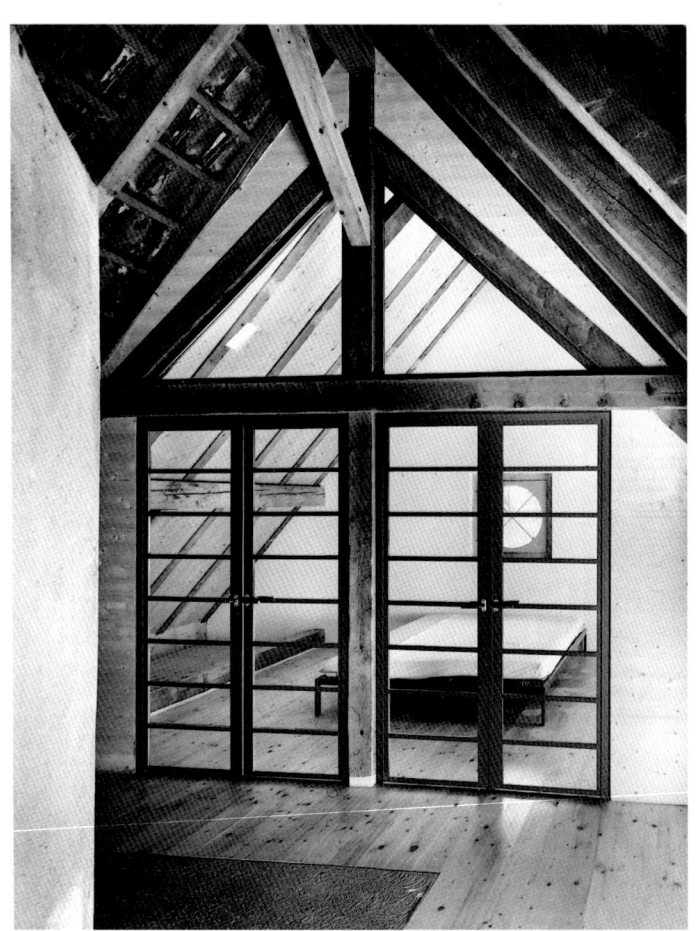

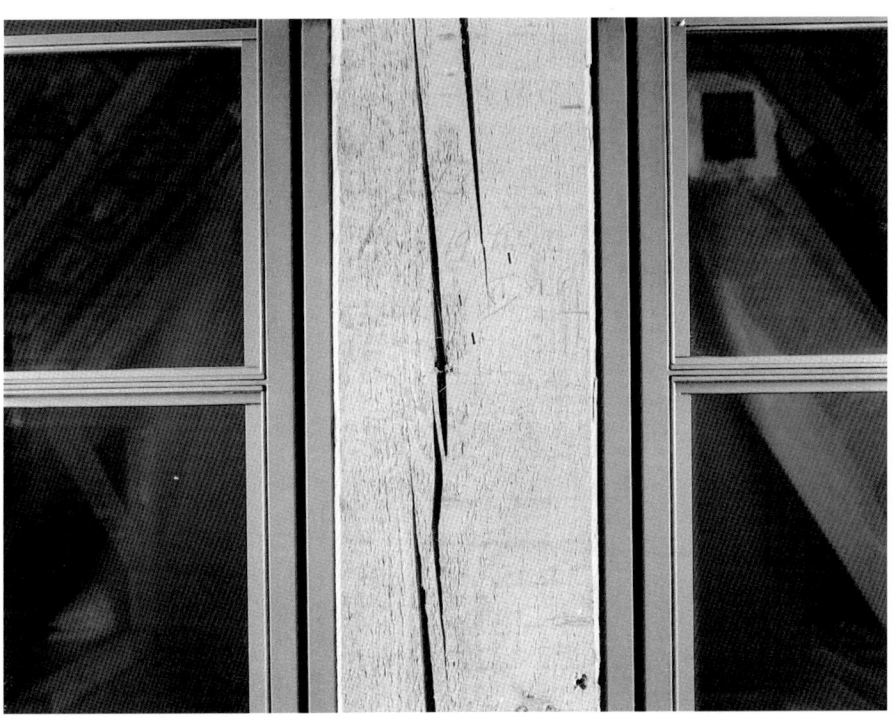

Bootshaus

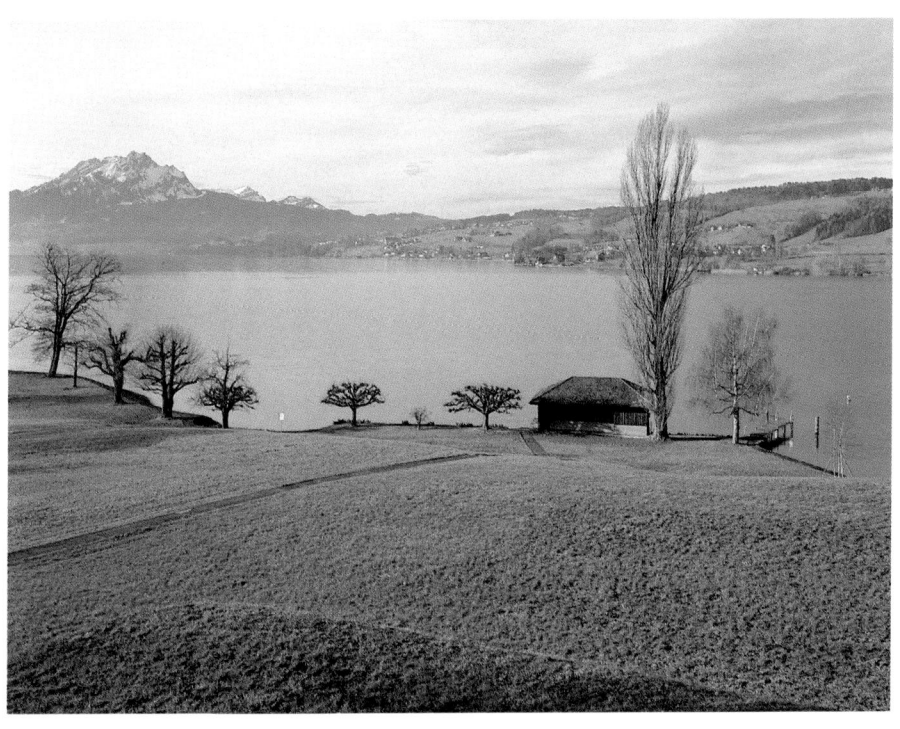

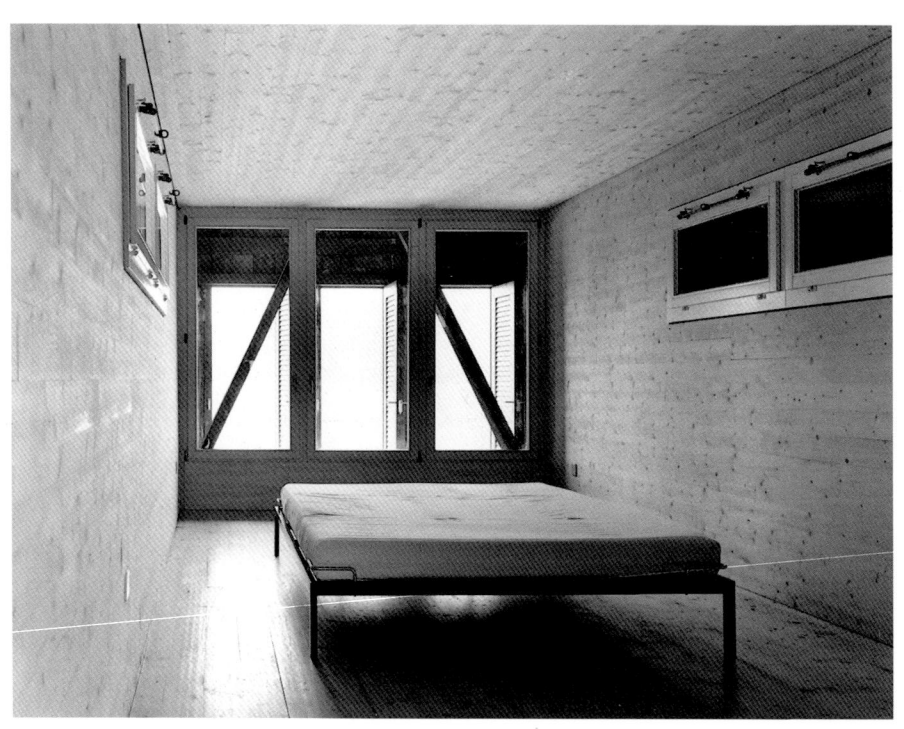

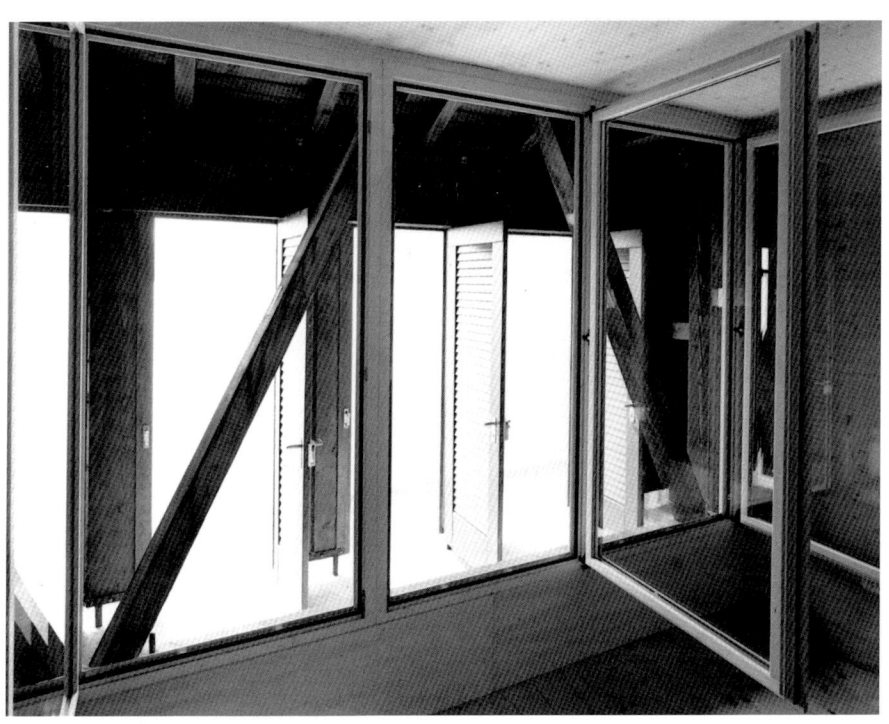

1928	Geboren am 3. Juni in Excelsior Springs, Missouri
1946–47	Dienst in der US-Armee in Korea
1948–49	College of William and Mary, Virginia
1949–53	Künstlerische Ausbildung an der Art Students League, New York
1949–53	Studium an der Columbia University, New York Abschluss in Philosophie (Bachelor of Science)
1957	Erste Einzelausstellung, New York
1957–62	Studium der Kunstgeschichte an der Columbia University, New York
1959–65	Schreibt als Kunstkritiker für »Art News«, »Arts Magazine« und »Art International«
1962–64	Unterrichtet am Brooklyn Institute of Arts and Sciences, New York
1965	Stipendium des Swedish Institute, Stockholm
1968	Retrospektive im Whitney Museum of American Art, New York. Erhält »Guggenheim Fellowship«
1976	Professur am Oberlin College, Ohio
1986	Eröffnung einer ständigen Installation seiner Arbeiten in der Chinati Foundation, Marfa, Texas. Lebte und arbeitete in Marfa (Texas), New York und Küssnacht am Rigi (Schweiz)
1994	Gestorben am 12. Februar in New York

seit 1968 Umbau und Renovation
des Hauses 101 Spring Street, New York

seit 1973 Umbau und Erweiterung Mansana de Chinati, Marfa, Texas
Diverse Ausstellungshallen, Marfa, Texas
Ayala de Chinati (Casa Pérez, Las Casas, Hot Springs),
Sierra Chinati, Texas

1989–92 Eichholteren, Küssnacht am Rigi, Schweiz

1992 Verwaltungsgebäude Bregenz, Österreich (Projekt)

1992 Gestaltung Marktplatz Gerlingen, Deutschland (Projekt)

1992 Bodengestaltung
im Paleis Lange Voorhout, Den Haag, Holland

1992 Brunnenanlage
Steinberggasse, Winterthur, Schweiz (Projekt)

1993 Vitrinen
für das Haags Gemeentemuseum, Den Haag, Holland

1993 Ein Raum für barocke Möbel
Österreichisches Museum für Angewandte Kunst, Wien

seit 1992 Gestalterische Mitarbeit
Projektgruppe Bahnhof Ost, Basel, Schweiz

Adrian Meyer

1942   Geboren, aufgewachsen in Baden

seit 1967   Eigenes Architekturbüro
           (Burkhard Meyer Steiger + Partner) in Baden
           Mitglied des BSA

1991–93   Gastdozent an der ETH Zürich

Adrian Jolles

1961   Geboren in Wien, aufgewachsen in Bern

1980–87   Architekturstudium an der ETH Zürich

seit 1988   Eigenes Architekturbüro in Zürich

seit 1989   Zusammenarbeit mit Donald Judd
           bei diversen architektonischen Projekten

1992/93   Entwurfsassistent an der ETH Zürich

Franziska Bodmer Mancia

1957   Geboren, aufgewachsen in Zürich

1976–82   Studien in Kunstgeschichte und Fotografie
an der ICP und SVA in New York

1982–83   Assistentin und freie Fotografin bei Cine Fiat in Turin

seit 1983   Freie Fotografin in Rom,
Zusammenarbeit mit Bruno Mancia

Bruno Mancia

1954   Geboren, aufgewachsen in Rom

1972–76   Medizin- und Soziologiestudium an der Universität Rom

seit 1976   Freier Fotograf und Kameramann in Rom

seit 1983   Als Team in Rom tätig

seit 1987   Gründung FBM Studio AG in Zürich
Diverse Bücher und Ausstellungsbeiträge
(Architektur und Kunst)

Proportion ist für uns sehr wichtig, sowohl in unserem Denken und Leben als auch visuell umgesetzt, denn in ihr sind Denken und Fühlen nicht voneinander getrennt, sie ist Einheit und Harmonie, einfach oder schwierig und oft Frieden und Ruhe. In der Kunst und in der Architektur ist Proportion spezifisch und identifizierbar, sie schafft unsere Zeit und unseren Raum.

Proportion und eigentlich jede Intelligenz in der Kunst wird augenblicklich verstanden, zumindest von einigen. Es ist ein Mythos, dass schwierige Kunst schwierig sei.

Donald Judd
aus »Kunst + Architektur« 1983,
im Katalog »Donald Judd Architektur«, Münster 1989, S. 143

Mit freundlicher Unterstützung
der Vorarlberger
Landes- und Hypothekenbank

Herausgeber:

Kunsthaus Bregenz, archiv kunst architektur, Edelbert Köb

Konzeption:

Adrian Jolles, Edelbert Köb

Redaktion:

Christine Spiegel

Übersetzung:

Kathleen Sagmeister-Fox

Gestaltung:

Bohatsch und Schedler, Büro für grafische Gestaltung, Wien

Bildrechte:

Franziska Bodmer Mancia, Bruno Mancia, FBM Studio AG, Zürich

Papier:

Kern: Ikonorex special-matt, chlorfrei 170 g/m²
Umschlag: Freelife Recycling Vellum, weiß, 215 g/m²

Herstellung:

Druckerei Höfle, Dornbirn

Auflage:

2.000 Stück im Juli 1994

Verlag Gerd Hatje, Stuttgart
ISBN 3-7757-0447-7